A BÍBLIA EXPLICA
Como Estudar um Livro da Bíblia: Judas

DAVID PAWSON

ANCHOR RECORDINGS

Copyright © 2019 David Pawson

COMO ESTUDAR UM LIVRO DA BÍBLIA: JUDAS
HOW TO STUDY A BOOK OF THE BIBLE: JUDE

Os direitos autorais referentes a este livro são assegurados a David Pawson, de acordo com a Lei de Direitos Autorais, Desenhos Industriais e Patentes de 1988 (Reino Unido).

Uma publicação da Anchor Recordings Ltd
DPTT, Synegis House, 21 Crockhamwell Road,
Woodley, Reading RG5 3LE, UK

Todos os direitos reservados.

Nenhuma parte desta publicação pode ser reproduzida ou distribuída, em qualquer forma ou por quaisquer meios, sejam eles eletrônicos ou mecânicos, incluindo fotocópias e gravações, ou por qualquer sistema de armazenamento e recuperação de informações, sem autorização prévia, por escrito, da Editora.

Para obter outros materiais de ensino de David Pawson,
inclusive DVDs e CDs, acesse
www.davidpawson.com

PARA DOWNLOADS GRATUITOS
www.davidpawson.org

Mais informações pelo e-mail
info@davidpawsonministry.com

ISBN 978-1-911173-86-1

Esta publicação baseia-se em uma palestra. Por originar-se da palavra falada, muitos leitores considerarão seu estilo um tanto diferente do meu modo costumeiro de escrever. Espero que isto não venha a depreciar a essência do ensino bíblico encontrado aqui.

Como sempre, peço ao leitor que compare tudo o que digo ou escrevo ao que se encontra registrado na Bíblia, e, caso perceba um conflito em qualquer ponto, sempre fie-se no claro ensino das Escrituras.

David Pawson

A BÍBLIA EXPLICA
Como Estudar um Livro da Bíblia: Judas

Judas é uma carta importante, porém negligenciada
Para corrigir essa situação, a primeira coisa a fazer em relação à carta de Judas, ou a qualquer outra epístola, é lê-la. Trata-se de uma das cartas mais breves do Novo Testamento e uma das mais importantes, embora também esteja entre as mais negligenciadas.

Farei algo que não é muito comum. Não vou lhe apresentar os resultados do estudo sobre a carta de Judas; você pode encontrá-los no meu livro *A Commentary on Jude* [Um comentário sobre Judas]. Prefiro conduzi-lo ao próprio estudo – minha experiência pessoal ao ler essa breve carta e pregar sobre ela pela primeira vez – e compartilhar minha reflexão enquanto me preparava para pregar sobre a carta para minha congregação. Foi a primeira vez que li a carta de Judas. Assim como muitos cristãos, eu a negligenciava. Já observou como são raras as citações de seus versículos? O conteúdo é desconhecido e estranho para o leitor, e alguns trechos são bastante insólitos.

Nunca leio um livro do começo ao fim uma única vez; posso lê-lo até dez vezes, sempre munido de papel e caneta, registrando qualquer pensamento que me ocorra durante as várias leituras. Aqui estão algumas de minhas primeiras anotações. Por exemplo, percebi que o autor tem o hábito de expressar suas ideias em grupos de três, quatro, cinco e seis. Ele se repete com frequência, de diversas maneiras. Em certo versículo, por exemplo, recorre a Caim, a Balaão e a Corá, usando nomes do Antigo Testamento para extrair um ensinamento. Em outro trecho, ele mescla as metáforas. Há um versículo com quatro metáforas diferentes. São metáforas de nuvens, de árvores, de ondas do mar e de estrelas. Fica evidente que a natureza foi objeto de estudo do autor e, assim como fizera o seu Senhor, ele busca seus ensinamentos na própria natureza. Num único versículo, porém, ele extrai da natureza quatro lições diferentes. Em seguida, ele menciona grupos de cinco e seis exemplos. Eis aqui um homem que, para expressar uma ideia, não faz objeção à repetição ou à combinação de metáforas.

Nem todas as citações feitas por Judas encontram-se na Bíblia
Em outra anotação, registro que algumas das citações de Judas não são encontradas na Bíblia. Em qual passagem bíblica podemos ler sobre um arcanjo que discute com o diabo a respeito do corpo de Moisés? Se não está na Bíblia, portanto, de onde vem? Judas também fala de anjos trancafiados por muito tempo em calabouços escuros. De onde ele tirou isso? Em seguida, ele menciona Enoque.

A única informação que tenho sobre Enoque é que ele andou por tanto tempo com Deus que, um dia, este lhe disse: "É grande a distância até a sua casa, é melhor que você venha morar comigo", e o texto afirma: "Enoque andou com Deus; e já não foi encontrado". Que forma adorável de partir, exceto para os familiares. No entanto, isso é tudo que sei sobre Enoque. Você sabe algo mais? Sabia que ele foi o primeiro de todos os profetas a alertar o povo sobre o juízo de Deus? E que teve um filho chamado Matusalém – um nome estranho, que significa "quando morrer, isto virá". Imagine Matusalém em seu primeiro dia de aula, respondendo à professora que lhe perguntara seu nome: "Quando eu morrer, isto virá". Que nome inusitado para dar a um filho, porém Enoque acreditava firmemente que no dia em que seu filho morresse, o juízo de Deus se manifestaria – e foi exatamente o que aconteceu. Essa foi a razão pela qual Matusalém viveu mais do que qualquer outra pessoa: 969 anos. Um bom exemplo da maravilhosa paciência de Deus. O Senhor esperou quase mil anos antes de julgar aquela geração e, como era de se esperar, no dia em que Matusalém, o filho de Enoque, morreu, uma chuva incessante começou a cair até que um gigantesco dilúvio exterminasse toda uma geração. O neto de Enoque era um homem chamado Noé, que se dedicou por anos à construção de uma arca em terra firme, a muitos quilômetros de distância do litoral. Tudo aconteceu conforme a profecia de Enoque, porém não há na Bíblia informações de Enoque como profeta, tampouco de suas palavras. No entanto, essa informação aparece em Judas. De onde ele obteve essa informação? Em uma de minhas anotações, assumo o compromisso de buscar a fonte de todas as suas informações. Algumas, obviamente, vieram do Antigo Testamento.

Observei então que eram raras as "frases que podiam ser citadas" nessa breve carta de Judas. Você já ouviu algum trecho de Judas citado de púlpito? Ou memorizado por cristãos? Eu havia ouvido apenas duas citações: uma do início da carta – "em defesa da fé uma vez por todas confiada aos santos" – e outra do final – "Àquele que é poderoso para impedi-los de cair" –, usada com frequência no passado como uma benção ao final do culto. Jamais ouvi a citação de qualquer outro trecho que estivesse entre esses dois versículos. É uma carta estranha.

Em busca de respostas para as perguntas apresentadas por Judas

Desse modo, depois de tantas anotações sobre questões que eu precisava esclarecer, comecei a elaborar algumas perguntas muito básicas. A primeira delas: Quem era Judas? Há duas opções apenas. As cartas e livros do Novo Testamento só chegaram a nós porque seus autores eram homens conhecidos na igreja primitiva, talvez por serem um dos apóstolos ou, quem sabe, por terem um parentesco direto com Jesus – e este é o caso aqui. Judas era meio-irmão de Jesus, pois Maria teve outros seis filhos após o nascimento de Jesus. Conhecemos os nomes dos quatro filhos de Maria e sabemos que eles tinham "irmãs" – portanto, duas pelo menos. Um dos filhos de Maria chamava-se Tiago, autor de uma carta do Novo Testamento que se localiza poucas páginas antes da carta de Judas.

Esse Judas é o irmão de Tiago. Podemos imaginar que ele não apreciasse muito seu nome, pois um apóstolo com o mesmo nome havia traído Jesus por dinheiro. E por que ele não revela ser irmão ou, pelo menos, meio-irmão de Jesus? É provável que se lembrasse com vergonha da forma como ele e os demais irmãos de Jesus haviam duvidado dele, com provocações e zombarias. Até o dia em que, depois da ressurreição, algo sucedeu e alcançou até mesmo os irmãos de Jesus. Na verdade, dos doze apóstolos, pelo menos cinco deles tinham parentesco com Jesus. Já pensou nisso?

Jesus causou um forte impacto, principalmente em sua própria família, fato que explica a presença de tantos familiares nas bodas de Caná da Galileia, onde ele realizou seu primeiro milagre. Todos estavam ali por causa dos laços de parentesco, por serem parte da família estendida de Jesus. Portanto, cinco dos doze apóstolos eram primos de Jesus, mas nenhum de seus irmãos foi apóstolo – não até a ressurreição de Jesus, quando, envergonhados, confessaram que haviam errado. Já haviam vivido com Jesus por muitos anos. É compreensível que pensassem que ele fosse apenas seu irmão mais velho. Mas quando perceberam que haviam caminhado com o Filho de Deus, de tal forma se humilharam, que nenhum deles jamais afirmou posteriormente ser um dos irmãos de Jesus. Tiago não fez essa afirmação. Judas também não. Eles simplesmente se declararam escravos de Jesus Cristo – fomos comprados por ele. Algo deve ter acontecido a esses irmãos para que adotassem uma postura de tamanha humildade. Esse, portanto, é Judas, o autor da carta.

Minha próxima pergunta: Quem leu a carta? E a resposta é: Não fazemos ideia, pois não há informação de um local ou nomes de pessoas destinatárias. É quase como se Judas se esforçasse para manter anônimos seus leitores, a fim de não expô-los à vergonha pública em decorrência de alguma perseguição que estivessem enfrentando.

Chegamos então à terceira e mais importante pergunta de todas: Por que Judas escreveu essa carta? Deve ter havido uma forte razão e, na verdade, ele mesmo nos conta qual é. Judas afirma que estava *ansioso* para lhes escrever a respeito da salvação que compartilhavam, mas escrevia com relutância, pois fora obrigado a mudar o teor de sua carta. Algo estava acontecendo entre eles que o forçava a escrever um tipo diferente de carta. Toda correspondência refere-se a uma situação específica! O que isso quer dizer? Quer dizer que quando você lê uma carta, é como se ouvisse um lado da conversa e precisasse adivinhar o que o outro lado está dizendo.

Ah, os detestáveis celulares! Já se sentou em um trem ou ônibus ao lado de alguém que fala em alta voz ao celular, mas cujo interlocutor você não consegue ouvir? Você tenta deduzir o que está acontecendo do outro lado. Digamos que eu esteja em um ônibus e, conversando ao telefone, diga: "Alô? Chegou em casa? Parabéns! Quantos quilos? De que cor? É gasolina ou álcool?". Perceba que seu cérebro tenta imaginar o que está acontecendo do outro lado da linha e, por um momento, você tira conclusões equivocadas. Imaginou que a conversa se referia a um bebê até que perguntei sobre a cor, então você ficou confuso. É isso que fazemos quando lemos uma carta. Algo estava acontecendo no outro lado e precisamos unir os pontos, como detetives, para descobrir o que levou Judas a vencer sua relutância e escrever uma carta. A resposta é um tanto perturbadora, pois ele fala de homens que haviam se infiltrado na igreja secretamente e que iriam destruí-la. Chegaram sem ser notados, provavelmente um a um, e trouxeram consigo falsos ensinamentos – e nada destrói uma igreja de forma mais rápida do que pessoas que chegam com ensinamentos enganosos. Observe que esses homens não estavam no início da igreja, mas haviam se introduzido nela e agora a dominavam. Essa é uma das marcas dos falsos mestres: em vez de realizar a própria obra, eles buscam apropriar-se da obra de outros. Cuidado quando isso acontecer.

O primeiro falso ensinamento: desprezo pela graça
Esses homens chegaram com dois principais ensinamentos enganosos. O primeiro era sobre a graça de Deus. É possível ter um entendimento equivocado sobre a graça de Deus? Sim, é possível. E o segundo era sobre o próprio Jesus Cristo. Qual era a heresia que ensinavam? Bem, seu primeiro ensinamento é o que chamamos de "graça barata" ou "graça livre": a ideia de que Deus é tão sentimental e gracioso em sua atitude para conosco que não importa como de fato somos ou o que fazemos; ele nos ama e perdoará todos os nossos pecados. É a graça barata!

Acabo de retornar de Singapura, onde senti que deveria ir a fim de desafiar um falso ensinamento a respeito da graça que tem se difundido por todo mundo via Internet. Embora esse entendimento da graça também tenha se originado no

Canadá, Singapura era sua principal fonte. Orei para que Deus abrisse portas a fim de que eu contra-atacasse esse ensinamento que invadiu todos os lugares (a África do Sul, por exemplo) e está destruindo as igrejas. Segundo ele, a graça está sempre disponível e oferece perdão incondicional, portanto não há necessidade de arrependimento; você pode ser perdoado de seus pecados sem que precise arrepender-se deles. Esse ensinamento também afirma que quando alguém se converte a Cristo, também estão perdoados todos os seus pecados *futuros* e não somente os passados. Os cristãos, portanto, jamais precisam confessar o pecado – embora o versículo de 1João afirme que "se confessarmos os nossos pecados, ele é fiel e justo para perdoar os nossos pecados". Esses mestres afirmam que isso não se aplica aos cristãos.

Segundo esse ensinamento, portanto, não importa a forma como você vive depois que é salvo, pois a graça cobrirá o seu pecado – você já está perdoado. Não há mais nada a perdoar, pois "uma vez salvo, salvo para sempre", e você pode ter plena certeza de que irá para o céu. Por isso fui a Singapura, onde tive a oportunidade de falar sobre a graça como *favor imerecido de Deus, mas **não** como perdão incondicional*. Era o que os falsos mestres ensinavam há dois mil anos, no contexto da carta de Judas: a graça cobriria todos os pecados, passados, presentes e futuros, portanto nenhum pecado seu poderia separá-lo do amor de Deus. Esse era um dos ensinamentos.

O segundo falso ensinamento: Jesus não é o único
Eles também ensinavam que Jesus Cristo não é o único Salvador e Senhor, questionando assim a singularidade de Cristo. Esse foi um dos temas que abordei em Singapura. Concentrei-me na graça e na singularidade de Cristo. Hoje, contudo, ensina-se o sincretismo nas escolas, e as crianças aprendem que Jesus tem sua própria religião, assim como os demais líderes religiosos, como Maomé, Confúcio e

Buda, também têm suas respectivas religiões. Dessa forma, o sincretismo equipara Jesus aos fundadores de outras religiões, concebendo-se a ideia de que todas as religiões são iguais, que se trata apenas de uma questão de preferência e escolha pessoal. Esse era o falso ensinamento abordado no contexto da carta de Judas: Jesus não é o único Salvador e Senhor; não é único; é apenas um entre muitos.

O falso ensinamento é um câncer no corpo de Cristo

Esses dois ensinamentos foram erros fatais. Agiram como um câncer no corpo de Cristo, e o câncer consegue alastrar-se e afetar vários órgãos, impossibilitando-os de atuar como Deus planejou. Assim como ocorre com o câncer, esse tipo de falso ensinamento, cedo ou tarde, destruirá o corpo de Cristo. A verdade é que as pressões externas nunca foram capazes de destruir a igreja. A igreja que enfrenta oposição pela perseguição cresce qualitativa e quantitativamente. Tenho viajado por todo o mundo – vou a países onde a igreja cresce e se fortalece sob grande pressão externa. Retorno à velha Inglaterra onde há muito, muito pouca pressão sobre a igreja e por isso ela está morrendo. Se o seu desejo é encontrar uma igreja saudável, vá a um país onde ela sofra pressões externas. É quase como se a igreja crescesse sobre o sangue dos santos – "O sangue dos mártires é a semente da igreja". Quanto maior for a oposição externa contra a igreja, melhor será a qualidade dos cristãos dentro dela e, consequentemente, maior o número de seguidores. Porém, quando há indiferença do lado de fora, a igreja se torna complacente, acomodada.

O diabo está ciente disso e, a fim de alcançar seu intuito de destruir uma igreja, precisa inserir pessoas do lado de dentro que questionarão a fé uma vez confiada aos santos. Muitas igrejas morreram em consequência do falso ensinamento que nelas penetrou e questionou a fé uma vez confiada aos santos de que fala a Bíblia. Ela nos foi deixada por escrito. Esse é o ponto central do estudo da Bíblia, e não há outro: a fé de uma vez por todas confiada aos santos. Paulo, na verdade, afirma que se alguém entrar em sua igreja e pregar outro Evangelho, que seja amaldiçoado ou "que seja anátema". É o que Paulo costumava dizer quando isso acontecia.

Os falsos mestres são corrompidos e são condenados
Voltemos à epístola de Judas. Sobre esses homens que se infiltraram dissimuladamente na igreja com esses dois falsos ensinamentos, Judas afirma: sua ruína foi determinada há muito tempo. Ele inicia a carta destacando dois aspectos: o primeiro – a corrupção introduzida na igreja por esses homens; e o segundo – a condenação que lhes foi reservada tempos atrás. Judas recorre a esses escritos para embasar sua afirmação de que a destruição desses homens está selada. Veja o diagrama abaixo. Dois elementos se destacam na porção central da breve carta (v. 4-19): primeiramente a corrupção desses homens; em segundo lugar, sua condenação, sentenciada há muito tempo.

Judas

Introdução (1-4a)

- ☒ Comum — Remetente, endereço, saudação
- ☒ Incomum — Não escreve sobre a salvação compartilhada
  Escreve sobre a batalha pela fé
- ☒ Razão — Infiltração (dissimulada) = A1
  Condenação (sentenciada tempos atrás) = A2

A. DEVEMOS APRENDER COM O PASSADO (3-19)

1. A CORRUPÇÃO DESSES HOMENS
a. Credo (3-4)
b. Conduta (8)
c. Cogitações (10)
d. Caráter (12-13)
e. Conversa (16)
f. Compulsão (19)

2. A CONDENAÇÃO DESSES HOMENS
a. Castigo (5-7)
b. Respeito (9)
c. Rebelião (11)
d. Revelação (14-15)
e. Ridículo (17-18)

B. COMO DEVEMOS VIVER NO PRESENTE – CONSELHOS (20-23)

1. A SI MESMOS (20-21)
a. Edificação
b. Petição
c. Submissão
d. Expectativa

2. AOS OUTROS (23)
a. Inconstantes
b. Rebeldes
c. Perversos

C. COMO DEVEMOS OLHAR PARA O FUTURO (24-25)

1. O DEUS PODEROSO (24)
a. Para impedi-los de cair
b. Para apresentá-los sem mácula

2. O ÚNICO DEUS (25)
a. Sua soberania
b. Sua eternidade

Como eles são
Em que creem ⟶ Resultados
O que os motiva

A. DEVEMOS APRENDER COM O PASSADO (3-19)

1. A CORRUPÇÃO

a. CREDO (3-4)
  i. Graça – desculpa para a imoralidade
  ii. Cristo – senhorio negado

b. CONDUTA (8)
  i. Contaminam os próprios corpos
  ii. Rejeitam a autoridade
  iii. Difamam seres celestiais

c. COGITAÇÕES (10)
  i. Não entendem, por isso difamam
  ii. Entendem por instinto, como animais

d. CARÁTER (12-13)
  i. Nuvens sem água – aridez
  ii. Árvores sem frutos – morte
  iii. Ondas espumantes – detritos
  iv. Estrelas cadentes – trevas

e. CONVERSA (16)
  i. Queixosos, críticos
  ii. Seguem os próprios desejos
  iii. São cheios de si
  iv. Adulam outros por interesse

f. COMPULSÃO (19)
  i. Causam divisões
  ii. Seguem os instintos naturais
  iii. Não têm o Espírito

2. A CONDENAÇÃO

a. CASTIGO (5-7)
  i. Geração do êxodo
  ii. Anjos caídos
  iii. Sodoma e Gomorra
  (Bíblia)

b. RESPEITO (9)
  i. Arcanjo Miguel
  ii. Diabo
  (Tradição)

c. REBELIÃO (11)
  i. Caim
  ii. Balaão
  iii. Corá
  (Bíblia)

d. REVELAÇÃO (14-15)
  i. A profecia de Enoque
  ii. O juízo vindouro
  (Tradição)

e. RIDÍCULO (17-18)
  i. O alerta do apóstolo
  ii. Zombadores
  (Bíblia)

A estrutura da carta – passado, presente e futuro
Vamos primeiramente analisar a carta como um todo. Quando estudo um livro da Bíblia, gosto de observar sua disposição e seu formato, e não consigo avançar antes de identificar a estrutura e o objetivo do autor. Após a leitura repetida dessa breve carta, aprendi que ela se divide em três seções. A primeira delas trata apenas do passado, a segunda fala do presente e a terceira refere-se ao futuro somente – um formato ou estrutura bastante simples para a carta. Trata-se, no entanto, de três períodos distintos da nossa existência. Todos nós temos um passado e um presente, e todos teremos um futuro, porém encaramos de forma diversa cada um desses períodos. É necessário que assim seja, pois eles diferem entre si. O próprio Deus não pode mudar o passado. Aleluia por isso! Ninguém pode devolver Jesus ao túmulo. Aconteceu, está acabado, é passado. A única coisa que não podemos fazer a respeito do passado é alterá-lo, porém podemos aprender com ele, e esse é o sentido do estudo da história: descobrir o que já aconteceu.

Essa é a razão pela qual escrevi um livro sobre a história da Igreja: descobri que a maioria dos cristãos não faz ideia do que aconteceu com a Igreja nos últimos dois mil anos – consequentemente, não pode aprender com seus erros ou êxitos. Nós simplesmente os desconhecemos. Espero que você esteja disposto a estudar a história da Igreja. Se você considera o tema muito difícil ou erudito, permita-me recomendar meu livro *Where has the Body been for Two Thousand Years?* [Onde esteve o Corpo nos últimos dois mil anos?]. Trata-se de um relato simples do que aconteceu à Igreja como resultado do ministério terreno de Jesus. Precisamos ter conhecimento dessas informações porque a maior parte dos erros cometidos hoje nada mais é do que a repetição de erros cometidos pela Igreja no passado, e podemos aprender com eles, assim como também podemos aprender com os êxitos.

Quando comecei a ministrar palestras sobre a história da Igreja, a princípio na igreja de Guildford, na Inglaterra, encerrávamos cada encontro cantando hinos da época em questão. Buscamos os hinos cristãos compostos em cada século dos últimos dois mil anos e percebemos que conhecíamos a maioria deles, sem nos dar conta de sua origem. Entoar os cânticos sobre Jesus que haviam sido compostos ao longo de dois mil anos foi um exercício genuíno de devoção cristã. É uma experiência extremamente revigorante, melhor do que aprender apenas os cânticos dos últimos seis meses. Desfrutar dos tesouros da devoção de cristãos ao longo de séculos cantando juntamente com eles é um verdadeiro presente.

Bem, aprendemos sobre o passado, mas temos de viver no presente e, particularmente, num presente influenciado pelo passado. Temos de viver com esse passado – temos de viver com as diferentes denominações, a maioria delas nascida há muito tempo. O Exército da Salvação nasceu no metodismo. O general William Booth, seu fundador, era um pregador metodista. Seja qual for a sua igreja – a menos que ela tenha uma origem muito recente – saiba que ela carrega as tradições do passado. No entanto, é no presente que precisamos viver com essas tradições, e não haveria divisões tão profundas na Igreja de Cristo se todos soubéssemos onde elas sugiram e de onde herdamos nossas tradições.

Portanto, aprendemos com o passado e vivemos no presente. Quanto ao futuro, nada podemos fazer, exceto esperar por ele. Olhamos para o futuro e usamos toda nossa imaginação para explorá-lo, mas não somos capazes de modificá-lo até que estejamos nele. Desse modo, temos posturas diferentes em relação ao passado, ao presente e ao futuro, e todas estão presentes nessa breve carta. A primeira parte importante da carta é o que podemos aprender com o passado. Em seguida, Judas precisa lidar com a situação que ainda se apresentava, e seus leitores precisam conviver com ela. Como a enfrentarão? O que devem fazer a respeito? Finalmente, numa injeção de ânimo, ele afirma: "venha comigo olhar para o futuro – erga os olhos acima de tudo isso, mantenha os olhos em Deus e no que ele é capaz de fazer, e desvie os olhos desses falsos mestres". Você terá problemas se mantiver seu foco demasiadamente nos seres humanos. Erga os olhos. Se a paisagem é desagradável, tente olhar para cima! Isso significa erguer os olhos ao Deus que era, que é e que há de vir. Ele é o Deus do passado, do presente e do futuro, e a terceira seção da carta enfatiza essa ideia.

Devemos aprender com o passado (3-19)
A corrupção desses homens
Vamos agora voltar nossa atenção à primeira parte da carta – o aprendizado com o passado. Fiz uma separação entre a corrupção e a condenação desses homens – embora, como veremos, Judas entrelaça as duas coisas de forma perspicaz. Mas vamos avaliá-las separadamente. Seis áreas da igreja serão corrompidas pela presença dos falsos mestres. Primeiramente, seu *credo* será corrompido; aquilo em que a igreja crê mudará. Em segundo lugar, sua *conduta* será corrompida, porque o credo determina o comportamento, e se nossa crença é enganosa logo estaremos agindo da forma errada. Terceiro – perdoem minha aliteração aqui – suas *cogitações* serão corrompidas; essa palavra representa a forma como pensamos, nossas considerações, nossa maneira de reconhecer a realidade, portanto esses homens corromperão a forma de pensar. Em quarto lugar, nosso *caráter* será corrompido. Nosso caráter é o resultado da forma como vivemos – "a repetição dos atos forma um hábito, o hábito forma o caráter, e o caráter forma um destino" – e se tudo começar errado então nosso caráter será corrompido. É assim que o câncer se alastra no corpo

de Cristo. Contaminará nossa *conversa*, e a maneira como falamos uns com os outros será afetada – modificará aquilo que nos compele a agir da forma como agimos.

O câncer, portanto, se espalhará por essas seis áreas. Todas elas são mencionadas na carta de Judas. Todas, uma após a outra, são contaminadas por esse falso ensino, e o câncer continua a se alastrar, levando o corpo à morte. Judas afirma que a condenação desses homens foi sentenciada há muito tempo, por isso ele recorrerá aos textos que conhece de longa data. São duas as fontes em que ele se baseia. De um lado, a Bíblia, o Antigo Testamento – o que conhecemos como palavra de Deus. Do outro, a tradição judaica, que não é necessariamente errada ou ruim, e que Judas claramente considera em parte boa e verdadeira. Desse modo, portanto, o Novo Testamento dá valor às tradições judaicas.

As condenações desses homens
Observamos que entre as cinco condenações dos textos antigos, três encontram-se na Bíblia e três, na tradição judaica. Analisei a estrutura da primeira seção – versículos 3-19 – para lhe mostrar que Judas alterna entre dois temas. Ele fala alternadamente sobre a corrupção e a condenação desses homens. É uma estrutura impressionante quando se consegue identificá-la. É possível observar que, quando se refere à condenação, Judas alterna entre duas fontes: ele cita primeiramente a Bíblia e depois a tradição, a Bíblia novamente, a tradição outra vez e, finalmente, a Bíblia. Essa breve carta foi elaborada com cuidado. É clara, embora sua estrutura seja surpreendentemente complexa. Ele está afirmando que esses homens corrompem o credo e serão castigados segundo a Bíblia; eles corrompem a conduta e seu destino será tal, segundo a tradição, e ele discorre sobre as seis corrupções, dizendo depois de cada uma delas "E isso é o que acontece" aos culpados, como resultado dessa corrupção. Desse modo,

Judas está constantemente se referindo ao juízo de Deus.

Vamos, portanto, analisar a primeira seção de forma mais detalhada. O primeiro elemento a ser corrompido é o *credo* – aquilo em que acreditam; e eu lhe disse anteriormente que, segundo um dos falsos ensinos desses mestres, a graça se torna desculpa para a imoralidade. Paulo também havia se deparado com essa ideia: "Continuaremos pecando para que a graça aumente?". O problema é o mesmo. Quando a graça recebe ênfase excessiva, escancara-se a porta para o pecado. Quando a graça não é compreendida, o pecado vem e, então, o senhorio de Cristo é negado.

O exemplo da geração do êxodo

Judas recorre à Bíblia e ao juízo de Deus de três formas. Primeiramente, a geração do êxodo: mais de dois milhões de pessoas partiram do Egito – somente duas entraram em Canaã. O que aconteceu ao restante? Morreram no deserto. Por quê? Tendo partido do Egito, elas poderiam ter chegado a Canaã em menos de duas semanas. Era uma viagem de apenas 14 dias, e aquelas pessoas poderiam ter entrado na Terra. Chegando à fronteira, no entanto, enviaram espias – doze, um de cada tribo – e quando retornaram, dez dos espias relataram que não haveria qualquer chance, que eles jamais conseguiriam entrar. A cidade era protegida por muralhas enormes, e os homens da terra eram muito mais altos. Os judeus eram um povo de baixa estatura e os moradores de Canaã, gigantes. Por essa razão, dez dos doze espias afirmaram que o povo jamais entraria na terra. Veio, então, a palavra do Senhor dizendo: O Senhor os levará sobre os ombros, e em seus ombros vocês contemplarão por sobre os muros, e pelo poder de Deus – aos brados de "Aleluia" – os muros ruirão. Foi o que aconteceu em Jericó quarenta anos depois. As muralhas não eram obstáculo para Deus e sobre os seus ombros eles também seriam gigantes. Poderiam fitar os cananeus de cima para baixo.

Lembro-me, quando garoto, de ser carregado por meu pai em seus ombros e de olhar para todos lá do alto. Sobre os ombros do meu pai eu ficava acima de todos. Era o que o povo teria sentido se cresse no Deus que os libertara do Egito e afogara o exército egípcio no mar Vermelho. Se não tivessem sido incrédulos, teriam entrado na Terra Prometida em menos de duas semanas, no entanto vagaram no deserto por 40 anos. Deus os manteve fora da Terra Prometida, mas, quando finalmente lá chegaram, entre eles havia somente duas pessoas que originalmente haviam deixado o Egito – os dois espias (o nome de um deles era Josué) que haviam afirmado que Deus os protegeria e seria capaz de fazê-los entrar, o que de fato aconteceu. Em outras palavras, aqueles que não creram acabaram perdendo 40 anos vagando no deserto e morreram antes de ver a Terra Prometida. Que lição, escrita há tanto tempo, para os que chegavam trazendo um novo ensino que não era a fé com a qual haviam começado.

O exemplo dos anjos caídos
Em seguida, foram os anjos caídos que abandonaram sua condição. Trata-se de uma referência a Gênesis 6. Deus havia criado a vida em três níveis – anjos, seres humanos e animais – e a única proibição era o contato sexual entre os que pertenciam a níveis distintos, quer fosse entre anjos e seres humanos ou entre seres humanos e animais. Há uma proibição clara contra tal tipo de relacionamento sexual e, no entanto, em Gênesis 6, os anjos desceram e viram as mulheres humanas, tiveram relações com elas e produziram um híbrido esquisito, que a Bíblia chama de *nefilim*, geralmente traduzido por "gigante", mas não sabemos, de fato. Era uma espécie que Deus nunca planejara: meio homem, meio anjo. Da mesma forma, se você ler Levítico, verá que o sexo entre homens e animais também é completamente contrário à vontade de Deus. Deus o proíbe expressamente. Sendo assim, não

somente os anjos mas também os homens violaram essa proibição, sendo que ainda hoje o fazem. Portanto, esses anjos que abandonaram sua condição – sabemos que havia 200 deles e que foi na região em torno do monte Hermom que praticaram sexo ilícito – ensinaram feitiçaria às mulheres, introduzindo assim o ocultismo à raça humana. Os anjos o introduziram. Eles abandonaram sua condição e trouxeram consigo o pior lado do sobrenatural e, daquele momento em diante, a raça humana começou a brincar com o oculto e assim faz até os dias de hoje.

Esses 200 anjos estão aprisionados. Onde obtive todas essas informações? Não foi na Bíblia, mas sim no livro de Enoque, que é a fonte para algo que surge posteriormente.

O exemplo de Sodoma e Gomorra

Judas nos oferece um terceiro exemplo da condenação desses falsos mestres: Sodoma e Gomorra. Não eram apenas duas, mas quatro, as cidades do vale do Jordão, ao sul do mar Morto, cujos habitantes sucumbiram à imoralidade sexual assim como esses falsos mestres, e veja o que lhes aconteceu. Foram queimadas por um material inflamável encontrado em seu solo, e a história judaica registra que o fogo de Sodoma e Gomorra ainda ardia no tempo de Jesus, dois mil anos depois. Nos dias de nosso Senhor, portanto, todos os que viviam em Jerusalém podiam ver a fumaça de Sodoma e Gomorra se apenas caminhassem por 15 minutos pelo deserto da Judeia e voltassem os olhos para o sul. Há uma menção ao fogo que não se apaga.

O exemplo do arcanjo Miguel

Em seguida, sua *conduta* será corrompida, porque assim é a conduta desses homens. Eles contaminam os próprios corpos, rejeitam qualquer autoridade que não seja a sua e difamam os seres celestiais. Judas não combate essa conduta recorrendo à Bíblia, mas sim à tradição judaica, segundo a qual o arcanjo Miguel disputou com o diabo quem sepultaria Moisés. Como sabemos, Moisés não estava na Terra Prometida quando morreu. Encontrava-se sobre o monte Nebo, de onde podia avistá-la, porém não há menção ao seu sepultamento, e seu túmulo jamais foi descoberto. Então, o que aconteceu com o corpo de Moisés? A resposta é que um anjo foi enviado para sepultar Moisés, e seu nome era Miguel, o arcanjo. Ao chegar onde estava o corpo, deparou-se com o próprio Satanás. Este lhe disse que o corpo lhe pertencia porque Moisés lhe pertencia, e, em vez de repreendê-lo, o líder de todos os anjos afirmou: "O Senhor o repreenda!". Ele mesmo não o repreenderia; tinha tal respeito pelos anjos e por Moisés que não disputaria com o diabo. Mas disse: "O Senhor trate com você". Essa é a atitude correta, que não se encontra nesses falsos mestres.

Surge então a maneira como pensavam, suas *cogitações*, e o autor se refere aos falsos mestres como "estes homens", usando "esses" e "estes" e "essas pessoas" em todo o texto. "Estes homens... infiltraram-se dissimuladamente no meio de vocês". E o que aconteceu aos que, no passado, fizeram o mesmo? Ele diz que "esses homens" difamam o que não entendem. Tudo o que seu entendimento não alcança é motivo de zombaria, um erro muito comum nos seres humanos. Aquilo que não compreendemos nós censuramos, fazendo afirmações tolas a respeito – porque nos foge à compreensão – e esses homens não somente difamavam o que não entendiam, mas, quando de fato entendiam, o faziam meramente como animais irracionais. Entendiam da forma errada – "por instinto animal". Sua condenação, portanto, fora baseada na sentença imposta a três homens do Antigo Testamento – Caim, Balaão e Corá. Se você conhece o Antigo Testamento, sabe o que cada um deles fez. Eles também se rebelaram contra aquilo que não conseguiam entender.

Os exemplos de Caim, Balaão e Corá

Caim, como você sabe, matou seu irmão por inveja – o primeiro assassinato na história do homem foi motivado pela inveja. Balaão foi o homem que, por ganância, tentou fazer profecias falsas a respeito do povo de Deus e precisou ser repreendido por sua mula – incrível pensar que um asno humilharia esse homem e lhe mostraria seu erro. Gosto disso. Costumo dizer às esposas que se queixam a mim a respeito de seus maridos que o Senhor é capaz de falar por intermédio de asnos. Essa afirmação geralmente as convence de que o Senhor pode falar com elas através de seus maridos – mas essa é outra história! Corá rebelou-se contra Moisés e você sabe o que lhe aconteceu. Houve um terremoto e a terra se abriu, engoliu Corá e fechou-se novamente, e essa foi a última vez que ele foi visto. Ele se rebelou contra a liderança de Moisés. Esses homens, com seus falsos ensinos, não apreciam a autoridade; rebelam-se contra a autoridade reconhecida.

Em seguida, seu *caráter* – tendo corrompido o próprio caráter, eles afetarão o de outros, e temos quatro ilustrações vívidas de um caráter sem valor: nuvens impelidas pelo vento, que prenunciam chuva, mas nada oferecem; árvores de outono, que prometem muitos frutos e nada produzem – são estéreis, sem raízes, mortas; ondas espumantes – já observou de um ancoradouro as ondas que trazem detritos, lixo e espuma? Nada é mais sujo do que um mar cujas ondas são espumantes. E, por último, estrelas errantes – uma estrela cadente tem um brilho intenso e uma vida curta. É assim o caráter desses falsos mestres. Por um breve espaço de tempo eles parecem brilhantes e todos os seguem, e então desaparecem. Em muitos momentos da história da Igreja as pessoas seguiram falsos mestres que logo desapareceram.

É comum perguntarem minha opinião sobre uma novidade vinda dos Estados Unidos. Eu respondo: "Pergunte daqui a dois anos". Eles nunca o fazem, pois, dois anos depois, ninguém mais fala no assunto. Acho que você sabe a que me refiro: a última mania cristã [ou modismo] que cruza mares e, sobre a qual, de repente, todos estão falando e perguntando "O que você acha disso?" e "O que você acha daquilo?" – consultam-me como se eu fosse algum tipo de guru, buscando minha opinião. Se ao menos de fato soubéssemos tratar esse tipo de assunto em vez de simplesmente encará-lo como novidade da qual todos os cristãos estão falando. Esses modismos! São exatamente isso: novidades, manias. Firme-se na "fé uma vez por todas confiada aos santos" e você vai ficar bem. Não siga a última moda, a nova mania. Não desenvolva um complexo de "peregrinação". "Onde está o mover de Deus? Preciso poupar para comprar a passagem e conferir". Tornamo-nos um tipo de peregrino maluco, um bando de cristãos cujo desejo é estar aqui, ali e acolá, em todo o mundo, a fim de descobrir onde Deus está agindo. Deus está aqui, e aqui agiria se crêssemos nele. Não precisamos percorrer o mundo para encontrá-lo.

Estrelas errantes ou cadentes – e aqui Judas volta-se para a tradição judaica e menciona Enoque e sua profecia que, infelizmente, não está registrada na Bíblia. Gostaria que estivesse. Enoque profetizou contra os ímpios – termo que chega a ser repetido até quatro vezes em uma frase – o que os ímpios dizem em sua vida ímpia, e sua conduta impiedosa. Foi Enoque, portanto, que deu a seu filho (nascido quando Enoque tinha 65 anos) o nome de Matusalém – "quando morrer, isto virá". Que fardo para um menino! E 969 anos depois, Matusalém morreu, e naquele mesmo dia a chuva começou a cair e, com ela, toda uma geração foi destruída. Se tivessem ouvido Enoque, o bisavô de Noé, teriam se preparado para o dilúvio, mas ninguém lhe deu ouvidos.

Sua *conversa*. É possível identificar quais indivíduos evitar: aqueles que chegam à sua igreja como murmuradores, arrogantes e aduladores, com um discurso egocêntrico. Esses quatro tipos de conversa perniciosa têm o efeito de um câncer que, cedo ou tarde, se alastrará. Um murmurador produz outro murmurador e a adulação não tem lugar na comunidade cristã. Cristãos não adulam as pessoas a fim de obter benefício próprio. A conversa desses indivíduos os delata, por isso Judas fala da sua condenação segundo a Bíblia e afirma que, se lembrarmos do que os apóstolos ensinaram, constataremos ser exatamente o que eles afirmaram que aconteceria. Leia o apóstolo Paulo – em uma de suas cartas a Timóteo, ele afirma que nos últimos dias, as pessoas escarnecerão. Ouvirão somente os pregadores cujo discurso agrada seus ouvidos. Buscarão o que é novo. Não estarão interessadas na fé uma vez por todas confiada aos santos. Seu desejo será conhecer o último modismo e as novidades.

Certa vez, na rua, uma senhora me perguntou: "O que Deus tem falado ultimamente?" e eu respondi: "Você quer a resposta de duas ou de quatro horas de duração?" – parece que ela não tinha tempo suficiente, pois seguiu seu caminho. Não busque apenas a mais recente palavra de Deus, a última reflexão, a última moda ou o mais novo "mover" de Deus – como hoje é chamado. Concentre-se na fé uma vez por todas confiada aos santos. Firme-se nessa fé – é uma rocha na qual você estará muito mais seguro.

O apóstolo nos alertou que escarnecedores se uniriam à igreja – pessoas sarcásticas, que fazem piada de temas sérios, que zombam de pregadores. É muito fácil, mas os apóstolos nos disseram que assim seria, e assim acontecia na comunidade para a qual Judas está escrevendo.

Finalmente, sua *compulsão*, sua motivação. Esses homens promovem desarmonia, sua ambição é dividir a comunidade entre seus seguidores e os outros. Obedecem a seus instintos naturais, não têm o Espírito Santo! E essa é a condenação final dos homens que se infiltraram ali. Chegaram com um ensino falso, um caráter fraco, uma conduta imoral; vieram com tudo isso porque não têm o Espírito Santo e essa é a última palavra da primeira seção da carta.

Como devemos viver no presente (20-23)
[Conselhos] a si mesmos (20-21)

Vejamos agora as outras duas seções da carta, que são muito mais curtas. Ainda está acontecendo – não somente no tempo dos leitores desta carta, mas também em nosso tempo. Há hoje nas igrejas falsos mestres que não estão dispostos a pregar ou ensinar a fé uma vez por todas confiada aos santos – em outras palavras, o Novo Testamento. Como lidar com isso? O que fazer a esse respeito? Percebo aqui uma curiosa omissão na carta de Judas. Ele não instrui a igreja a fazer algo a respeito desses homens. Não os exorta a silenciá-los ou a expulsá-los, e também não pede que os deixem em paz. Imaginei que, se falsos mestres viessem à nossa igreja, ele nos diria o que fazer. Judas não os aconselhou a procurar outra igreja – não disse nada. Lembre-se que sua carta seria lida em voz alta na comunidade e, portanto, todos seriam alertados com a Bíblia e com a tradição judaica. A carta de Judas lhes oferece alertas suficientes. Tento imaginar o que esses falsos mestres pensaram enquanto a carta era lida. Espero que tenham se sentido profundamente envergonhados. Meu desejo é que tenham se arrependido do que ensinavam, mas minha triste experiência é que pessoas desse tipo não se arrependem facilmente. Se não se arrependeram, espero que tenham deixado a comunidade, levando consigo seu falso ensino.

Edificação

É interessante, no entanto, a afirmação de Judas: "Meu desejo é que vocês se preocupem mais consigo mesmos e com as vítimas desses falsos mestres do que com os próprios mestres. Deixe-os com Deus; que Deus lide com eles; ele o fará. Deus sabe o que eles fizeram e não os deixará sem punição.

'Minha é a vingança', diz o Senhor, 'eu retribuirei'". Temos a impressão de que Judas está dizendo: "Deixem esses mestres com Deus, não tentem resolver a situação". Mas o que de fato ele diz é: "Eis aqui o que devem fazer por si mesmos quando isso acontecer na igreja. Acima de tudo, edifiquem-se na sua fé". Como fazer isso? Estudando a Bíblia individualmente, alimentando-se da fé uma vez por todas confiada aos santos.

Sou grato a Deus por ter tido a oportunidade de edificar, sustentar e fortalecer a fé de tantas pessoas de diferentes igrejas, nas quais não havia o ensino correto, seja pessoalmente seja por meio de CDs ou DVDs. A palavra "edificar" tem a mesma raiz de "edifício"; você cresce à medida que estuda a palavra de Deus. Agradeço a Deus pelo privilégio de ensinar a Palavra para que pessoas pudessem ser edificadas na fé, quer recebessem o bom ensino na igreja ou não. Na verdade, algumas igrejas teriam suas portas fechadas pelas autoridades, mas foram mantidas abertas graças ao alimento espiritual divulgado por meio de DVDs. Isso me emociona.

Petição
Portanto, o primeiro passo que você deve dar: edifique-se na fé; estude a palavra de Deus por conta própria; certifique-se de que sua fé seja fortalecida e de que todo o restante seja destruído. O segundo passo é orar no Espírito. Ninguém pode impedi-lo de orar. Mas orar no Espírito pode ser algo especial. Tenho a impressão de que o texto se refere à oração em línguas, pois se trata especificamente de um dom do Espírito. Quando você não sabe orar por si mesmo, quando está tão perplexo ou perturbado pela situação à sua volta que não sabe como se expressar em oração, deixe que o Espírito domine, que coloque as palavras em sua boca. Ore no Espírito e ele guiará seus lábios ao tipo certo de oração. Talvez você nem saiba o que está orando, mas será o tipo certo de oração para Deus, e esse é o principal propósito do

fascinante dom de línguas. É um dom saber orar quando você não sabe orar – quando você simplesmente não sabe sobre o que orar. Por isso, ore no Espírito!

Submissão
O terceiro passo é submeter-se, manter-se no amor de Deus. Esses líderes, mais uma vez, estarão afastando as pessoas do amor de Deus – porém você deve permanecer nesse amor. Como? Bem, Jesus nos ensinou como fazer. Ele disse: "Se vocês obedecerem aos meus mandamentos, permanecerão no meu amor, assim como tenho obedecido aos mandamentos de meu Pai e em seu amor permaneço". É assim que você se mantém no amor de Deus: sendo obediente e submisso a Deus, fazendo o que ele lhe ordenar. Não dê ouvidos a seres humanos nem faça segundo o que instruírem. Ouça a voz de Deus e faça o que ele lhe ordenar. É assim que você se mantém no amor de Deus.

Expectativa
Expectativa enquanto aguarda pelo que exatamente? Enquanto aguarda a vinda de Jesus Cristo! Todos os cristãos verdadeiros esperam ansiosamente o retorno de Cristo. Uma das principais motivações da vida cristã é que ele voltará e reinará sobre tudo. Apesar dos falsos mestres enganadores, o verdadeiro Mestre virá outra vez e você está aguardando por ele. Mantenha os olhos fixos nisso.

[Conselhos] aos outros (23)
Inconstantes
É assim que devemos cuidar de nós mesmos quando houver falsos mestres por perto. Mas também devemos nos preocupar com os outros, aqueles que são afetados por esse ensino, e Judas menciona três categorias de pessoas. Primeiramente, há os que ainda duvidam, que ainda hesitam

entre crer nos novos mestres ou no antigo ensino – são inconstantes, pessoas que vivem em incerteza e não sabem que caminho tomar. Bem, com esses devemos agir de uma forma especial. Eles enfrentam uma dúvida genuína, são impelidos por todo vento de doutrina, diz Paulo, e esse é o efeito dos falsos mestres – eles suscitam dúvidas, provocam insegurança. Ajude-os, ame-os, demonstre misericórdia para com eles; dedique-lhes atenção especial e procure edificá-los na fé uma vez por todas confiada aos santos. Faça tudo o que puder para ajudá-los. Conheço cristãos que começaram um grupo de estudo bíblico em sua casa para ajudar os inconstantes, para trazê-los de volta à verdade.

Rebeldes

O segundo grupo é formado por aqueles que estão em perigo mortal. Envolveram-se um pouco mais no novo ensino, correm risco mortal e devem ser arrebatados, "raptados", detidos, de qualquer maneira possível, do fogo do inferno, e conduzidos à razão antes que seja tarde demais: "Um tição tirado do fogo".

Perversos

Finalmente, há os que se contaminaram moralmente e entregaram-se ao falso ensino – foram iludidos por ele e hoje partilham da conduta imoral desses homens. Entra em cena a palavra "misericórdia". Ainda precisamos ser misericordiosos com aqueles que foram enganados. Poderia ter acontecido conosco, mas aconteceu com eles e devemos demonstrar nossa compaixão. Ao mesmo tempo, não podemos oferecer ajuda sem temer a possibilidade de sermos também enredados. Há um temor saudável nos cristãos, e Judas o expõe de forma muito clara aqui. Você deve temer até mesmo o contato com suas roupas íntimas contaminadas. Trata-se de uma aplicação muito direta e prática. O modo de viver dessas pessoas é imoral e por isso até suas roupas estarão contaminadas, portanto tome cuidado para não se contaminar. É um temor saudável. Seja misericordioso, mas tema ser você mesmo contaminado – um conselho muito prático.

Como olhar para o futuro (24-25)
O Deus poderoso (24)

Você não está surpreso com a quantidade de ensinamentos que há nessa breve carta e quanta ajuda ela oferece? Eu certamente fiquei surpreso quando a estudei de fato pela primeira vez. Agora, finalmente, olhando para o futuro e para o Deus do futuro – temos esse versículo maravilhoso, o trecho da carta mais conhecido pela maioria dos cristãos. É um lindo hino de louvor a Deus e revela duas características desse Deus que devemos observar. Em primeiro lugar, ele é um Deus poderoso – "Àquele que é poderoso...". Quero que você perceba, no entanto, que Deus *pode* fazê-lo, mas não *garante* que o fará. Deus não garante que nos impedirá de cair. Ele não garante que nos apresentará sem mácula perante seu trono. Mas ele é *poderoso* para fazê-lo, se assim o desejar. Há um grande "se". O ensinamento "uma vez salvo, salvo para sempre" não existe no Novo Testamento – longe disso. No entanto, Deus é poderoso para completar a obra que começou em você. Ele é poderoso para impedi-lo de cair. Ele é poderoso para protegê-lo. Ele é poderoso para apresentá-lo sem mácula, e esse é o ponto central da salvação – sermos apresentados perfeitos e sem mácula perante seu trono.

Para aliviar a tensão um pouquinho: minha esposa é crente fiel e sua fé, de certa forma, é mais simples do que a minha – eu li demais. Há algo que ensino, contudo, que a leva à beira da incredulidade: é quando eu lhe digo que um dia o marido dela será perfeito. Por alguma razão, ela acha difícil de acreditar. Na verdade, já chegou a me dizer: "Se eu basear minha fé na experiência, não consigo crer nisso. Mas tentarei firmar minha fé na palavra de Deus". Ele é poderoso para fazê-lo, mas isso não significa que fará. Precisamos estar dispostos a sermos conduzidos à perfeição. Preciso crer que minha esposa um dia será perfeita, mas, para mim, é bem mais fácil acreditar nisso, do que para ela crer que acontecerá comigo. No entanto, foi por isso que Deus nos salvou. Ele quer nos tornar perfeitos e não se contentará com nada menos do que isso. Ele é poderoso para nos apresentar sem mácula perante o seu trono majestoso e isso é o que deseja fazer. Estou no caminho da Salvação, mas não serei plenamente salvo até que seja perfeito, porque Deus deseja criar um universo totalmente novo – um novo céu e uma nova terra – e colocará ali somente pessoas perfeitas. As últimas páginas da Bíblia expressam essa verdade de forma clara. Nada imundo será permitido; nada impuro, nada imperfeito terá lugar nesse mundo perfeito de um Deus perfeito e das pessoas perfeitas. *Ser salvo é ser transformado em alguém perfeito.*

Temos aqui tanto o negativo quanto o positivo. O lado negativo é que ele é poderoso para impedi-lo de cair e o lado positivo é que ele é poderoso para apresentá-lo sem mácula. Somente Deus é capaz de realizar ambos. A capacidade divina é mencionada aqui. Perceba que ele não é poderoso somente para guardá-lo de cair – esse é apenas um dos lados da história. O outro é "Mantenham-se no amor de Deus". Há dois lados no ato de manter-se, de guardar-se. Deus tem um papel a desempenhar, e nós temos outro. Ele é poderoso para nos guardar de tropeçar, mas precisamos estar dispostos a ser guardados. Precisamos continuar confiando, pois Deus não nos impedirá de cair se não permanecermos em seu amor.

Essa é a verdade de todo o Novo Testamento. Você sabe que o Novo Testamento tem mais de 80 advertências sobre o perigo de perder a salvação? Mais de 80! Deus não poderia ser mais claro a esse respeito. É por isso que Paulo, no final de sua vida, afirma: "Ele é poderoso para guardar o meu depósito até aquele dia", mas também diz: "Guardei a fé". Percebe os dois lados? Eles caminham juntos todo o tempo. Sim, ninguém pode arrancá-lo da mão de Deus, mas podemos pular fora dela – porque aqueles que são guardados em sua mão, diz ele, são suas ovelhas, "que ouvem a minha voz e me seguem". Se continuarmos crendo, ele é poderoso para nos impedir de cair e nos apresentar sem mácula. Ele tem poder para isso.

Isso, portanto, é o que Deus pode fazer, e agora passamos para sua soberania, sua autoridade.

O único Deus (25)

Ele é o único Deus – a palavra "sábio" aparece aqui em algumas traduções [ARA] como se em comparação a muitos outros deuses *tolos*. Não é isso que o texto quer dizer. Ele é o único Deus e a ele pertence toda majestade, todo domínio, todo poder. Associada à sua soberania está a sua eternidade. Ele era, é e sempre será – ele é eterno. Volte seus olhos para esse Deus: afaste seus olhos do falso ensino. Tire os olhos daqueles que estão enganando e destruindo a Igreja de Cristo de dentro para fora. Fixe seus olhos naquele que tem poder e autoridade para conduzi-lo à perfeição. Amém.

Você sabe o significado da palavra "Amém"? É "certamente, seguramente, sem dúvida". Não se trata de um amém qualquer, de forma alguma. É a mais contundente afirmação na língua grega e Jesus a usava com frequência. Ele dizia: "Em verdade vos digo". O que na realidade estava dizendo era: "Amém, amém – isso seguramente é verdadeiro".

Estamos quase no final. Depois de passar por todas essas etapas na preparação do meu estudo, a última coisa que faço é retraduzir a carta em minhas próprias palavras, e faço isso redigindo em preto todo o texto da carta deixando bastante espaço entre as linhas e, em seguida, escrevo minha própria tradução ou paráfrase em vermelho nesse espaço. Somente então sei que compreendi o texto. Quando você consegue traduzir um trecho da Bíblia em suas próprias palavras, compreendeu de fato seu significado. Vou concluir, portanto, parafraseando toda a carta, da forma como fiz quando ensinei sobre ela.

Esta carta foi escrita por Judas, um dos escravos comprados pelo Rei Jesus e irmão de Tiago, conhecido por todos vocês. Dirijo-me a todos aqueles que ouviram e responderam o chamado de Deus nosso Pai, que desfrutam do amor da família de Deus e até agora foram guardados por causa de seu relacionamento com o Filho de Deus, Jesus. Meu desejo é que possam provar mais e mais da imerecida misericórdia, da paz interior e do cuidado amoroso de Deus.

Queridos amigos, era meu forte desejo escrever-lhes uma mensagem encorajadora a respeito da maravilhosa salvação que vocês partilham comigo, mas percebo que devo lhes enviar solene exortação e súplica para que defendam a velha fé concedida primeiramente, de uma vez por todas, aos crentes.

Soube que certos homens, cujos nomes não serão citados, se infiltraram em sua comunidade; eles não são próximos de Deus, sua sentença de condenação foi pronunciada e registrada tempos atrás.

Eles distorcem a maravilhosa graça do nosso evangelho, transformando-a em justificativa para a imoralidade flagrante e o comportamento indecente. Negam que o Messias Jesus seja o único cabeça e Senhor de todos.

Quero trazer à sua memória agora alguns fatos que já são de seu conhecimento, e que nos alertam a não zombar de Deus. Lembrem-se que ele libertou todo um povo da escravidão no Egito, porém destruiu a maioria deles porque deixaram de confiar. Seus anjos não são mais isentos do que seu povo; alguns deles, ao desertarem de sua própria condição e função, foram por Deus levados sob custódia e mantidos no calabouço mais profundo e sombrio, onde permanecerão até seu julgamento no grande Dia do Juízo. Da mesma forma, assim como os anjos haviam feito, Sodoma e Gomorra se fartaram de devassidão, ansiando por prazeres proibidos; seu destino, no fogo que ardeu por tanto tempo, é um presságio sombrio para todos nós.

Apesar de tais exemplos do passado, esses intrusos abusam dos próprios corpos, desprezam a autoridade do Senhor e ridicularizam os anjos em glória. O arcanjo Miguel, por outro lado, quando discutiu com o diabo acerca do destino do corpo de Moisés, não se atreveu a condená-lo diretamente por difamação, mas simplesmente disse: "O Senhor é quem deve repreendê-lo!". Esses homens em seu meio, contudo, não hesitam em difamar o que não compreendem; e o pouco que de fato compreendem baseia-se em seu instinto natural e não na inspiração sobrenatural, como se fossem animais sem raciocínio.

Ai deles! Seguem o mesmo caminho de Caim. Mergulham no erro de Balaão, pelo mesmo desejo de obter lucro. Partilhando da atitude rebelde de Corá, chegarão à mesma ruína. Pensam que são pastores, porém seu interesse não é alimentar as ovelhas, apenas a si mesmos.

São como nuvens impelidas pelo vento, sem uma gota de chuva; são como árvores arrancadas pela raiz no outono, sem folhas ou fruto, mais do que mortas; são como ondas bravias do mar, moldando a espuma de sua conduta vergonhosa; são como estrelas cadentes, destinadas a desaparecer para sempre em um "buraco negro".

Foi a respeito deles que Enoque, na sétima geração após Adão, fez uma afirmação profética: "Cuidado! O Senhor está vindo com multidões de anjos para cumprir sua sentença a todos os ímpios por todos os seus atos perversos cometidos e por todas as suas palavras perversas enunciadas contra o próprio Deus e seu povo santo".

Esses infiltrados são resmungões descontentes, sempre murmurando, buscando suas próprias ambições. Cheios de conversa fiada, usam até de lisonja para alcançar seus objetivos.

Mas vocês, meus queridos amigos, precisam lembrar-se das sombrias previsões dos próprios apóstolos. Eles disseram que, à medida que a história se aproximar da fase final, haverá os que desprezam a piedade, enquanto buscam e praticam exatamente o oposto. O resultado será divisões entre vocês, iniciadas por aqueles que seguem seus impulsos carnais, estranhos ao Espírito Santo.

Quanto a vocês, estimados amigos, fortaleçam a si mesmos amadurecendo em sua fé, orando regularmente da forma como o Espírito os conduzir. Permaneçam nos limites estabelecidos amorosamente por Deus enquanto aguardam pacientemente pelo retorno de nosso Senhor Jesus Cristo e a vida eterna que ele trará em novos corpos.

Tratem gentilmente aqueles que vacilam entre vocês e os intrusos. Como se salvassem uma criança de uma casa em chamas, façam todo o possível para resgatar aqueles que já decidiram segui-los. Vocês devem sentir compaixão pelos próprios vilões e, ao mesmo tempo, nutrir um temor saudável de serem contaminados por eles, até mesmo por suas roupas manchadas.

Louvemos agora Aquele que tem poder para impedi-los de cair em tudo isso e para capacitá-los a se apresentar jubilosos e sem culpa perante seu glorioso trono. Ao único Deus que pode nos salvar e nos conduzir à glória pertencem o esplendor, a majestade, todo poder e domínio, antes de todos os tempos, por toda a história e para todo o sempre. Absoluta verdade!

SOBRE DAVID PAWSON

Conferencista e escritor com inabalável fidelidade às Sagradas Escrituras, David traz clareza e uma mensagem de urgência aos cristãos para que descubram tesouros escondidos da Palavra de Deus.

Nascido na Inglaterra em 1930, David iniciou sua carreira com formação em Agronomia pela Universidade de Durham. Quando Deus interveio e o chamou para que se tornasse Pastor, ele concluiu o Mestrado em Teologia pela Universidade de Cambridge, e, durante três anos, serviu como capelão na Força Aérea Real. Passou então a pastorear várias igrejas, entre elas o Centro Millmead, em Guildford, que se tornou um modelo para muitos líderes de igrejas do Reino Unido. Em 1979, o Senhor o conduziu a um ministério internacional. Atualmente, seu ministério itinerante é predominantemente para líderes de igrejas. David e sua esposa, Enid, moram hoje no condado de Hampshire, no Reino Unido.

Ao longo dos anos, ele escreveu um grande número de livros, publicações e notas diárias de leitura. Suas extensas e muito acessíveis análises dos livros da Bíblia foram gravadas e publicadas em "Unlocking the Bible" (A Chave para Entender a Bíblia). Milhões de cópias de seu material de ensino têm sido distribuídas em mais de 120 países, oferecendo sólido embasamento bíblico.

Ele é considerado o "pregador ocidental mais influente na China" graças à transmissão de sua bem-sucedida série "Unlocking the Bible" a todas as províncias da China, através da God TV. No Reino Unido, os ensinos de David são transmitidos com frequência pela Revelation TV.

Incontáveis fiéis em todo o mundo também se beneficiaram de sua generosa decisão, em 2011, de disponibilizar sua extensa biblioteca audiovisual, sem custo algum, em: **www.davidpawson.org**. Recentemente, todos os vídeos de David foram carregados em um canal específico em: **www.youtube.com**

SÉRIE A BÍBLIA EXPLICA
VERDADES BÍBLICAS APRESENTADAS DE FORMA SIMPLES

Se você foi abençoado com a leitura deste livro, saiba que outros títulos da série estão disponíveis. Acesse **www.aBibliaexplica.com** e inscreva-se para baixar mais livros gratuitos.

A série A Bíblia Explica inclui:
A Fascinante História de Jesus
A Ressurreição: O ponto central do cristianismo
Como Estudar a Bíblia
A Unção e o Enchimento do Espírito Santo
O Batismo no Novo Testamento
Como Estudar um Livro da Bíblia: Judas
Os principais passos para se tornar um cristão
O que a Bíblia diz sobre: Dinheiro
O que a Bíblia diz sobre: Trabalho
Graça: Favor imerecido, Força irresistível ou Perdão incondicional?
Seguro para sempre? O que a Bíblia diz sobre: Salvação
O Fim dos Tempos
Três textos geralmente usados fora do contexto: Explicando a verdade e expondo o erro
A Trindade
A Verdade sobre o Natal

Você também pode adquirir cópias impressas em:
Amazon ou **www.thebookdepository.com**

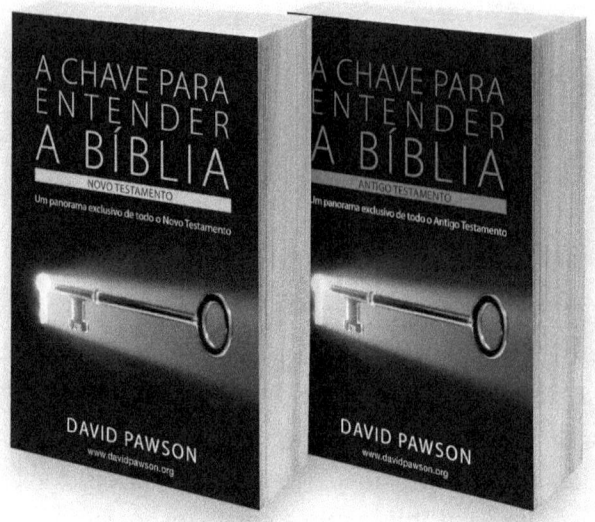

A CHAVE PARA ENTENDER A BÍBLIA

Um panorama exclusivo do Antigo e do Novo Testamento, nas palavras de David Pawson – conferencista e escritor evangélico, reconhecido internacionalmente. "*A Chave para Entender a Bíblia*" elucida a palavra de Deus de maneira inovadora e poderosa. Em uma clara distinção aos tradicionais estudos e comentários bíblicos que tratam versículo por versículo, este livro apresenta a história épica do relacionamento entre Deus e seu povo, em Israel. A cultura, o contexto histórico e os personagens são apresentados e os ensinamentos são aplicados ao mundo contemporâneo. Oito volumes foram compilados nesta edição abrangente, compacta e fácil de usar, com tópicos que cobrem o Antigo e o Novo Testamento.

Do Antigo Testamento: As Instruções do Criador – Os Cinco Livros da Lei; Uma Terra e um Reino – Josué, Juízes, Rute e 1 e 2 Samuel, 1 e 2 Reis; Poemas de Louvor e Sabedoria – Salmos, Cântico dos cânticos, Provérbios, Eclesiastes, Jó; Declínio e Queda de um Império – Isaías, Jeremias e outros profetas; A Luta pela Sobrevivência – Crônicas e os profetas do exílio.

Do Novo Testamento: O Eixo da História – Mateus, Marcos, Lucas, João e Atos; O Décimo Terceiro Apóstolo – Paulo e suas cartas; Do Sofrimento à Glória – Apocalipse, Hebreus, as cartas de Tiago, Pedro e Judas.

Este livro é um best-seller internacional.

OUTROS MATERIAIS DE ENSINO
DE DAVID PAWSON

Para acessar a lista atualizada com os
títulos de David Pawson, visite:
www.davidpawsonbooks.com

Para comprar os materiais de ensino
de David Pawson, acesse a página:
www.davidpawson.com

www.ingramcontent.com/pod-product-compliance
Lightning Source LLC
Chambersburg PA
CBHW071040080526
44587CB00015B/2703